Vente du Mercredi 12 Mars 1873

SALLE N° 6

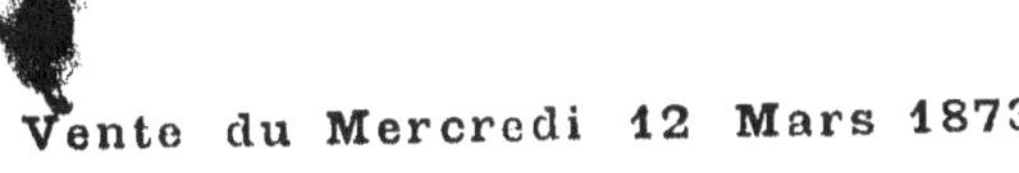

BELLE COLLECTION

D'OBJETS DE CURIOSITÉ

DE LA CHINE & DU JAPON

ÉMAUX CLOISONNÉS

BRONZES — PORCELAINES ET POTERIES

ÉTOFFES

EXPOSITION PUBLIQUE : Le Mardi 11 Mars 1873

Mᵉ CHARLES PILLET
COMMISSAIRE-PRISEUR.
10, rue de la Grange-Batelière

M CHARLES MANNHEIM,
EXPERT.
7, rue Saint-Georges.

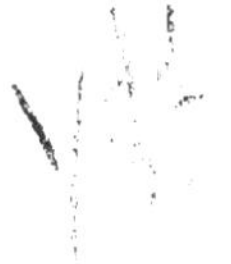

CATALOGUE

D'UNE JOLIE COLLECTION

D'OBJETS DE CURIOSITÉ

De la Chine et du Japon

ÉMAUX CLOISONNÉS

BRONZES — PORCELAINES — POTERIES

ÉTOFFES

DONT LA VENTE AURA LIEU

HOTEL DROUOT, SALLE N° 6

Le Mercredi 12 Mars 1873

A DEUX HEURES PRÉCISES

Par le ministère de M⁰ **CHARLES PILLET**, Commissaire-Priseur,
10, rue de la Grange-Batelière.

Assisté de M. Charles **MANNHEIM**, expert, 7, rue Saint-Georges,

Chez lesquels se trouve le présent Catalogue.

EXPOSITION PUBLIQUE : *Le Mardi 11 Mars 1873*

DE UNE HEURE A CINQ HEURES.

CONDITIONS DE LA VENTE

Elle sera faite au comptant.

Les adjudicataires payeront *cinq pour cent* en sus des enchères.

L'exposition mettant le public à même de se rendre compte de l'état des objets, il ne sera admis aucune réclamation une fois l'adjudication prononcée.

Paris, — Typ. Pillet fils aîné, rue des Grands-Augustins, 5.

DÉSIGNATION DES OBJETS

ÉMAUX CLOISONNÉS
DE LA CHINE

1 — Deux très-grands vases en forme de balustre en
émail cloisonné de la Chine; ils sont couverts de fleurs,
d'insectes et d'ornements en couleurs sur fond bleu turquoise. Haut., 76 cent.

2 — Grand et beau brûle-parfums à panse sphérique reposant sur trois pieds à têtes chimériques dorées, à
deux anses en S et à couvercle surmonté d'un bouton
de bronze doré. Il est décoré de fleurs arabesques et
d'ornements sur fond bleu turquoise.

3 — Deux grands vases en forme de bouteille, à panse
sphérique, décorés de larges fleurs aquatiques sur fond
rouge.

4 — Deux grands et beaux vases en forme de rouleau, fond
bleu turquoise et oiseaux, et enrichis de médaillons de
fleurs et d'oiseaux en couleurs sur fond blanc.

5 — Deux jolies figures de femmes debout portant chacune une corbeille de fruits. Elles sont vêtues de riches
costumes émaillés.

6 — Deux vases forme balustre en émail cloisonné de la
Chine, décorés de branches de pêcher sur fond bleu
turquoise.

7 — Deux vases forme balustre à couvercles, décorés de
fleurs et d'ornements en couleurs sur fond rouge.

8 — Beau brûle-parfums reposant sur trois pieds à têtes
chimériques dorées, à anses en S et à couvercle surmonté d'un bouton de bronze doré. Il est décoré de
fleurs émaillées en couleurs sur fond bleu turquoise.

9 — Deux vases en forme de balustre aplati, décorés de
fleurs sur fond bleu turquoise.

10 — Deux vases en forme de balustre surbaissé, à panse
sphérique décorée de fleurs aquatiques sur fond gros
bleu, et à gorge couverte de caractères se détachant en
bleu foncé sur fond bleu turquoise. Les anses, à têtes
chimériques en bronze doré, sont garnies d'anneaux
mouvants.

11 — Deux vases de même forme; la panse est décorée de
fleurs sur fond bleu turquoise, et le col offre un décor
analogue sur fond bleu foncé.

12 — Brûle-parfums de forme sphérique, décoré de fleurs
arabesques, d'attributs et d'ornements variés sur fond
bleu turquoise. Les pieds sont ornés de têtes chimériques dorées; les anses ont la forme d'une S, et le couvercle a un bouton de bronze doré.

13 — Deux vases à panse carrée, ornés sur chacune de
leurs faces de plaques d'émail cloisonné à fleurs et insectes sur fond bleu turquoise. Les pieds et les cols à
gorge sont repercés à jour et émaillés.

14 — Grande plaque ronde en émail cloisonné de la Chine,
offrant un médaillon rond décoré d'un paysage et d'un
chien courant. Au pourtour dudit médaillon sont des
compartiments décorés de rosaces et d'oiseaux sur
fonds variés.

15 — Petite plaque ronde décorée de fruits émaillés en
couleurs sur fond bleu.

16 — Très-grand et beau plat rond décoré d'un médaillon
à figure de chien et paysage, et de compartiments à
rosaces et oiseaux sur fonds variés.

17 — Plat rond plus petit que celui qui précède. Il est décoré de poissons sur fond rouge.

18 — Boîte de forme lenticulaire décorée de rosaces et ornements sur fond bleu lapis.

19 — Deux petits vases en forme de bouteille, décorés de fleurs sur fond rouge.

20 — Deux petits bols décorés de rosaces et de papillons sur fond blanc.

21 — Boîte de forme lenticulaire, décorée d'un médaillon de fleurs sur fond rouge et pourtour émaillé bleu turquoise.

22 — Deux bols décorés de fleurs arabesques sur fond rouge.

23 — Deux petites boîtes rondes décorées de fleurs sur fond jaune.

24 — Cache-pot de forme cylindrique décoré de branches de fleurs sur fond rouge.

25 — Deux petits vases en forme de balustre, décorés de fleurs sur fond jaune.

26 — Deux petites boîtes décorées de fleurs sur fond violet.

ÉMAUX CLOISONNÉS DU JAPON

27 — Deux grandes potiches à couvercle, décorées de médaillons d'oiseaux blancs sur fond bleu lapis, et fleurs variées sur fond bleu clair.

28 — Deux vases en forme de balustre, sur pied découpé,
et surmontés de larges plateaux ronds décorés de fleurs
et d'oiseaux.

29 — Grand plat rond décoré d'un dragon et de rosaces
émaillés en couleurs sur fond vert.

30 — Deux vases de forme ovoïde, à goulot et à anse mo-
bile, décorés d'ornements en couleurs sur fonds variés.

31 — Grand plat rond décoré d'un oiseau debout sur fond
bleu d'eau.

32 — Deux vases en forme de balustre sur pied découpé et
surmonté de larges plateaux ronds. Ils sont décorés
d'oiseaux perchés sur des branches d'arbres.

33 — Deux vases en forme de balustre décorés d'oiseaux
et de fleurs sur fond vert foncé, et à col décoré de zones
d'ornements variés.

34 — Deux vases en forme de bouteille, à panse sphérique
et col droit, décorés de fleurs sur fond vert foncé et
bleu clair.

35 — Coupe de forme hexagonale, sur piédouche, décorées de fleurs sur fond bleu clair et vert foncé.

36 — Deux petits vases ovoïdes, à couvercles, décorés de
fleurs sur fond vert foncé.

37 — Deux plats ronds décorés d'arbustes et de fleurs au centre, et d'ornements sur fond vert foncé au bord.

38 — Deux coupes rondes décorées intérieurement et extérieurement de fleurs et d'oiseaux sur fond vert foncé.

39 — Deux petits vases ovoïdes, à couvercle, décorés d'ornements sur fond vert foncé.

40 — Coupe ronde décorée intérieurement et extérieurement de fleurs et d'ornements sur fond bleu et vert.

41 — Deux plateaux ronds représentant des oiseaux sur fond vert.

42 — Deux boîtes rondes décorées de fleurs et d'ornements sur fond varié.

43 — Deux plateaux de forme oblongue, décorés d'oiseaux sur fonds variés.

44 — Deux boîtes rondes décorées d'oiseaux et de fleurs sur fond bleu et vert.

45 — Deux petits plats ronds décorés d'oiseaux et de fleurs sur fond bleu et vert.

BRONZES DU JAPON

46 — Jardinière oblongue à deux anses, en bronze du Japon niellé d'argent, et enrichie d'appliques en cuivre argenté, à fleurs et papillons en relief.

47 — Brûle-parfums de forme sphérique surbaissée, décoré d'arbustes et d'oiseaux argentés. Anses en cuivre argenté et pied en bois laqué.

48 — Petit vase en forme de cornet, à arêtes saillantes et ornements en relief.

49 — Deux flambeaux formés de grues sacrées debout sur des tortues.

50 — Très-petit brûle-parfums de forme rectangulaire, en bronze, à anses surélevées et à couvercle surmonté d'un dragon fantastique. La panse est ornée d'ornements en relief.

PORCELAINES DE LA CHINE

51 — Grande et belle jardinière ronde décorée de médaillons de fleurs en camaïeu bleu sur fond blanc.

52 — Vase en forme de bouteille, en porcelaine de Chine émaillée bleu foncé.

53 — Deux vases en ancienne porcelaine de Chine, forme potiche, décorés de fleurs et d'oiseaux émaillés en couleurs.

54 — Vase en forme de balustre, à anses têtes d'éléphants en céladon bleu turquoise uni.

55 — Vase en forme de cornet, à panse renflée, en ancienne porcelaine de Chine, décoré de fleurs et d'ornements en camaïeu bleu.

56 — Deux potiches en ancienne porcelaine de Chine, décorées de figures et de paysages émaillés en couleurs.

57 — Vase en forme de rouleau en porcelaine de Chine, à fleurs gaufrées en relief et décorées en rouge de cuivre sur fond bleu.

58 — Vase en forme de bouteille en céladon bleu turquoise uni.

59 — Deux vases en forme de potiche, en ancienne porcelaine de Chine, décorés de jeux d'enfants.

60 — Vase en forme de bouteille, en porcelaine blanche de Chine, à fleurs gaufrées en relief.

61 — Vase en forme de balustre carré et aplati, en porcelaine de Chine émaillée brun.

62 — Vase en forme de balustre, en céladon vert d'eau, à arbustes et animaux en relief émaillés rouge de cuivre et bleu.

63 — Vase en forme de balustre, en ancienne porcelaine de Chine, à médaillons arbustes et ornements gaufrés en relief et entourages de fleurs émaillés en couleurs.

64 — Vase en porcelaine de Chine, émaillé rouge haricot.

65 — Petit vase en forme de gourde, en céladon bleu turquoise uni.

66 — Vase en forme de balustre à double bourrelet, en porcelaine de Chine, émaillé bleu lapis.

67 — Deux vases en forme de balustre, en porcelaine de Chine, émaillé rouge haricot.

68 — Vase en forme de balustre, en céladon bleu turquoise uni.

69 — Jardinière ronde et surbaissée, en porcelaine de Chine, décorée de fleurs arabesques en rouge de fer.

PORCELAINES
ET POTERIES DU JAPON

70 — Deux vases en forme de balustre, à deux anses têtes chimériques et anneaux mouvants, en porcelaine du Japon, à décor de fleurs et cailloutages en camaïeu bleu.

71 — Deux vases en forme de balustre à cordons en relief, en poterie de Satzuma, décorés de médaillons de fleurs en couleurs et or.

72 — Deux vases en forme de balustre à anses têtes chimériques en relief, en poterie de Satzuma, décorés de
fleurs en couleurs et or.

73 — Deux vases de forme carrée sur pieds découpés, en
poterie de Satzuma, décorés d'oiseaux et de fleurs
émaillés en couleurs et rehaussés d'or.

74 — Deux vases en forme de balustre, à panse ornée d'a-
rêtes saillantes et col à deux anses à bambou. Ils sont
décorés de fleurs en or et couleurs.

75 — Deux vases en forme de rouleau à deux anses têtes
chimériques, en poterie de Satzuma, décorés de fleurs
en couleurs et or.

76 — Joli brûle-parfums reposant sur trois pieds cintrés,
à deux anses en S, et à couvercle surmonté d'une
chimère debout, en poterie de Satzuma, decoré de
fleurs émaillées en couleurs et rehaussées d'or.

77 — Deux vases en forme de balustre à deux anses têtes
chimériques, en poterie de Satzuma, décorés de fleurs
en couleurs et or.

78 — Deux vases forme lancelle à deux anses en poterie
de Satzuma, décorés de fleurs et de papillons en couleurs et or.

79 — Deux vases en forme de rouleau à deux anses, papillons, en porcelaine d'Imari, décorés de figures dans des paysages émaillés en couleurs.

80 — Deux petites boîtes de forme oblongue, à anse bambou, en poterie de Satzuma, décorées de fleurs en or et couleurs.

81 — Deux porte-fleurs sur pieds découpés, en poterie de Satzuma, décorés de fleurs en couleurs et or.

82 — Deux petits pots de forme surbaissée à couvercle, en poterie de Satzuma, décorés de fleurs.

83 — Petit vase en forme de bouteille à goulot droit, en poterie de Satzuma, décoré de fleurs.

OBJETS VARIÉS

84-85 — Deux belles armures japonaises laquées et garnies d'étoffe, avec casques, cuirasses, jambières, brassards, etc. Elles seront vendues séparément.

86-87 — Deux beaux paravents à huit feuilles, décorés de paysages et de figures finement peints en couleurs et or sur papier. Monture en bois laqué et encadrements d'étoffe. Ils seront vendus séparément.

ÉTOFFES

88-92 — Dix grands rideaux chinois, en satin rouge
brodé à fleurs et à figures en soies de couleurs. Ils seront vendus par deux.

93-97 — Lot d'étoffes de Chine, brodées en soies de couleurs, à fleurs et à figures sur satin rouge et vert. Ce
lot sera divisé.

98 — Très-grande tenture en soie brochée, à fleurs et
oiseaux réservés en blanc et gris sur fond rouge.
Travail japonais.

99-118 — Environ vingt-cinq feuilles d'écrans ou cous-
sins en étoffe de soie brodée à sujets variés. Travail
japonais. Ce lot sera divisé.

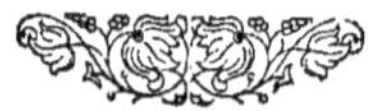